RAPPORT

SUR LA

QUESTION DE LA MAIN-D'ŒUVRE

ET LA

REPRISE DE L'IMMIGRATION INDIENNE

PRÉSENTÉ A LA

CHAMBRE D'AGRICULTURE

AU NOM DE SA COMMISSION

—

Rapporteurs :

MM. CRÉPIN
HUGOT

SAINT-DENIS

IMPRIMERIE CENTRALE ALBERT DUBOURG

Imprimeur de la Chambre d'Agriculture

PLACE DE LA CATHÉDRALE

—

1905

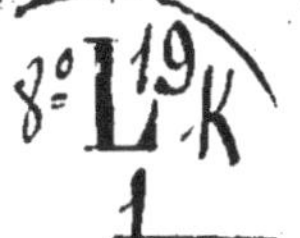

Année 1905

—

ILE DE LA RÉUNION

RAPPORT

SUR LA

QUESTION DE LA MAIN-D'ŒUVRE

ET LA

REPRISE DE L'IMMIGRATION INDIENNE

PRÉSENTÉ A LA

CHAMBRE D'AGRICULTURE

AU NOM DE SA COMMISSION

Rapporteurs :

MM. Crépin
Hugot

SAINT-DENIS

IMPRIMERIE CENTRALE ALBERT DUBOURG

Imprimeur de la Chambre d'Agriculture

PLACE DE LA CATHÉDRALE

—

1905

RAPPORT

SUR LA

QUESTION DE LA MAIN-D'ŒUVRE

ET LA

REPRISE DE L'IMMIGRATION INDIENNE

Membres de la Commission :

MM. MIREL
CRÉPIN
HUGOT.

Messieurs,

Vous avez nommé une Commission de trois membres chargée de vous faire un rapport sur la question de la main-d'œuvre à la Réunion et sur la nécessité de la reprise de l'Immigration indienne.

Nous avons l'honneur de vous soumettre le résultat de nos travaux.

* *
*

Déserte lors de sa découverte , l'Ile de la Réunion a été colonisée par des Français , venus de la Mère-Patrie. Cette situation a toujours obligé la Colonie à avoir recours à un appoint de bras étrangers , sans lesquels il eut été impossible aux colons de mettre le pays en valeur. Les premiers travailleurs vinrent de Madagascar et de la côte d'Afrique, sous le régime de l'esclavage. Plus tard, en 1848, lors de l'abolition de l'esclavage, l'exploitation et la mise en valeur du pays seraient devenues très difficiles, si le gouvernement français ne s'était entendu avec l'Angleterre pour être autorisé à recruter des travailleurs dans l'immense réservoir d'hommes que constituent les Indes. Une Convention intervint entre les deux pays, le 1er juillet 1861, et depuis cette époque, tous les travailleurs agricoles nécessaires à notre Colonie furent recrutés dans l'Inde, et l'on put se procurer ainsi une main-d'œuvre docile, intelligente et se faisant très vite aux travaux des champs et des usines.

A la fin de l'année 1862, le nombre des immigrants Africains, Indiens et de nationalités diverses, présents dans la Colonie, s'élevait à 72,594 et l'industrie sucrière, malgré les procédés d'extraction les plus primitifs, arrivait au chiffre maximum de sa production en sucre, soit 60,000 tonnes. La Réunion traversa à cette époque une ère de prospérité inouïe, qu'elle n'a plus retrouvée depuis.

Dans les années suivantes, jusqu'en 1880, la Colonie maintint sa production à 40.000 tonnes environ, ayant toujours la faculté de recruter des bras dans l'Inde. Au 31 décembre 1880, le nombre des immigrants était encore de 60.000. Mais en 1884, à la suite de difficultés survenues entre les gouvernements anglais et français, l'Angleterre suspendit les effets de la Convention de 1861 et s'opposa désormais à tout recrutement de travailleurs dans ses possessions asiatiques, jusqu'à nouvelle entente avec le Gouvernement français.

Aussi, le nombre des immigrants diminua-t-il rapidement et le 31 décembre 1890 il était de 40.000 pour tomber à 23.000 en 1898.

Devant cette situation nouvelle, les colons ne perdirent point courage, et les plus grands efforts furent faits pour parer à la crise que l'on subissait du fait du manque de bras qui déjà se faisait vivement sentir. L'emploi des engrais fut généralisé, ainsi que celui des instruments agricoles, les usines se centralisèrent dans une certaine mesure et d'importantes dépenses furent faites pour en améliorer l'outillage et réduire le plus possible la dépense de main-d'œuvre. Cet effort considérable, entrainant de grosses dépenses, trouva sa récompense dans le maintien de la production de la Colonie, malgré la constante diminution du nombre des immigrants.

C'est en ignorant cette situation spéciale, que l'on a pu émettre cette affirmation inexacte, que le pays maintenait sa production malgré la réduction considérable du nombre des immigrants.

D'ailleurs, les propriétaires ne restaient pas inactifs et un syndicat se formait en 1887, pour le recrutement de travailleurs partout où il serait possible. Et nul certes ne peut nous accuser d'avoir manqué d'énergie et d'initiative en ces circonstances difficiles. Nos efforts furent dirigés successivement sur les points les plus divers : Afrique du Sud, Côte des Somalis, Cochinchine, Madagascar et enfin en Chine. Partout nous avons rencontré les mêmes difficultés, toujours nos efforts n'ont produit que des avantages insuffisants, et ne se sont traduits que par des sacrifices pécuniaires hors de proportion avec les résultats acquis. Et pourtant il fallait continuer ces démarches devant des besoins urgents, et une nécessité chaque jour plus impérieuse. Il suffit de jeter les yeux sur le tableau ci-joint pour se rendre compte de l'initiative développée par le syndicat et des sacrifices pécuniaires qui furent faits pour se procurer la main-d'œuvre nécessaire (1).

(1) Voir le tableau à la page suivante.

tentées depuis 1888 à la Côte d'Afrique, à la Grande Comore, à Madagascar, en Chine et au Tonkin, par le Syndicat des propriétaires pour l'introduction des Travailleurs à la Réunion.

Dates	Provenances	Effectif du Convoi	Navire introducteur	Prix de revient du contrat	Somme totale des frais de l'opération	Observations
1888						
Du 5 Avril au 4 Mai	Côte d'Afrique	21	Ebre et Erymanthe			
14 Mai	Do	277	Florence			
7 Juin	Do	2:3	Do			
20 Août	Do	207	D'Artagnan			
8 Décembre	Do	245	Do	400 »	694,400 »	
		— 973				
1889						
21 Octobre	Côte d'Afrique	400	Alsace-Lorraine			
24 Décembre	Do	363	Alsace-Lorraine			
		— 763				
1890						
13 Août	Côte d'Afrique	198	Ville d'Alger	500 »	99.000 »	
		— 198				
1892						
1er Mai	Côte d'Afrique	96	Cocanada			
12 Juillet	Do	41	Do	549 22	75,243 32 »	
		— 137				
1893						
17 Août	Côte d'Afrique	103	Ava	800 »	82,400 »	
		— 103				
1895						
10 Septembre	Côte d'Afrique	47	Djemnah			
13 Octobre	Do	72	Souverain	351 15	41,786 85 »	
		— 119				
1896						
6 Janvier	Grande Comore	212	Pérou			
25 Juin	Do	58	Ville de Paris	376 »	101.520 »	
		— 270				
		à rep. 2.563		A rep.	1,094,350 17 »	

Dates	Provenances	Effectif du Convoi	Navire Introducteur	Prix de revient du contrat	Somme totale des frais de l'opération	Observations
1897		Rep. 2,563		Report.	1,094,350 17	
Du 10 Avril au 8 Décembre en deux voyages.	Madagascar	62	Peïho, Ville du Hàvre, Yang-tsé			Prisonniers de guerre
Du 31 Août au 31 Décembre en deux voyages.	Madagascar	28	Alice Adélie			
1898		— 90		469 44	62,904 96	
Du 6 Janvier au 17 Octobre en 6 voyages.	Madagascar	44	Favorite, Iraouaddy, Nina, Alice-Adélie, Yang-Tsé			29 prisonniers de guerre et 15 travailleurs libres.
		— 44				
1900						
2 Juillet	Côte d'Afrique	172	Carnarvan	300 09	51,615 48	
9 Septembre	Grande Comore	151	Djemnah	386 05	58,384 15	
1901		— 323				
16 Octobre	Grande Comore	287	Kilwa	326 42	93,684 33	
10 Juin	Tonkin	65	Yang-Tsé			
11 Mai	Tonkin	34	Iraouaddy	404 27	70,747 25	
8 Décembre	Do	26	Oxus			
21 Décembre	Do	50	Iraouaddy			
19 Octobre	Chine	8 8	Erica	492 48	388,833 84	
Du 8 Septembre au 17 Décembre en deux voyages.	Madagascar	25	Djibouti, Iraouaddy	469 44	11,736 »	
		— 1,632				
1902						
11 Mars	Grande Comore	70	Oxus			
8 Avril	Do	32	Natal	326 42	34,600 52	
8 Août	Do	4	Oxus			
10 Mai	Madagascar	4	Melbourne	200 »	800 »	
		— 110				
		à rep. 4,762		A rep..	1,867,656 70	

Dates	Provenance	Effectif du Convol
1903		Rep. 4.762
3 Mars	Yémen (Arabie)	25
20 Juillet	Côte de Somalis	95
18 Septembre	Do	28
20 Octobre	Do	18
9 Décembre	Do	36
8 et 20 Novembre	Do	7
		—— 2)9
1904		
8 Avril	Grande Comore	53
7 Février	Do	30
		—— 83
		Total 5,054

Navire introducteur	Prix de revient du contrat	Somme totale des frais de l'opération	Observations
	Report	1,867,656 70	
Djibouti	150 »	3,750 »	
Emirne			
Iraouaddy			
Melbourne	413 27	76,041 68	
Iraouaddy			
Oxus et Djemnah			
Djemnah			
Oxus	225 »	18,675 »	
Total..		1,966,123 38	

Saint-Denis le 24 Juin 1905

Le Protecteur, Chef du Service de l'Immigration P. I.

MARTIN DE FLACOURT.

Il en ressort clairement que notre agriculture a dépensé près de deux millions de francs, de 1888 à 1904, pour introduire dans la Colonie environ 5.054 travailleurs, qui, pour la majeure partie, ont été rapatriés ou le seront bientôt. Croit-on vraiment que des hommes intelligents et pratiques, défendant leurs intérêts personnels, auraient pu dépenser des sommes aussi importantes pour se procurer des bras, s'ils avaient trouvé autour d'eux, dans le pays, la main-d'œuvre qui leur était indispensable pour leurs exploitations agricoles et les besoins de leurs usines ! vraiment poser la question c'est la résoudre !

Ces essais très onéreux ayant été presque tous infructueux, le syndicat dut renoncer à la lutte, et demander à la Métropole de lui venir en aide pour la remise en vigueur de la Convention avec l'Angleterre, réglant l'Immigration des travailleurs Indiens, convention qui n'est que suspendue à l'heure actuelle et qu'on peut remettre en vigueur.

Tel est en ce moment l'état de la question, et le péril devenant plus grave de jour en jour, la Chambre d'Agriculture tient à nouveau à attirer vivement l'attention de de notre Administration locale, ainsi que du gouvernement métropolitain, sur le danger d'une situation qui s'aggrave d'année en année et qui va bientôt devenir très préjudiciable, tant aux intérêts privés, qu'à la fortune générale de la Colonie.

Sur 70,000 immigrants il ne nous en reste au 31 décembre 1904 que 14,611 ; se répartissant comme suit :

7,586 Indiens dont :

Hommes 4,707
Femmes 1,696
Garçons   620
Filles   563

6,281 Africains dont :

Hommes 4,959
Femmes 729
Garçons 313
Filles   280

744 *Chinois et Tonkinois dont* :

Hommes 729
Femmes 9
Garçons 3
Filles 3

Malgré les avis réitérés du Conseil général et des Chambres de Commerce et d'Agriculture, aucune solution n'intervient et, pourtant il ne serait que temps d'agir si l'on ne veut pas que le mal soit irréparable.

* *
*

La situation actuelle est, en effet, de tous points périlleuse. Aucune immigration ne venant plus combler les vides se produisant dans nos ateliers agricoles, nous serons bientôt complètement privés de l'appoint de main-d'œuvre que constituaient les immigrants. Au 31 décembre 1904 le nombre de ceux-ci n'était plus que de 15,000 dont 2/3 à peine occupés aux travaux agricoles ; aussi le manque de bras se fait sentir de plus en plus, et dans certaines localités, le mal est arrivé à un degré d'acuité tel, que l'Administration locale devant la misère réelle dont souffrent certaines communes, a pu enfin se rendre compte du péril.

Bien des personnes en effet, et de très bonne foi, avaient pu soutenir jusqu'ici que les travailleurs créoles prendraient peu à peu l'habitude du travail de la terre, que des nécessités nouvelles allaient créer un organisme nouveau, et que peu à peu la population créole serait à même de remplacer aux champs et à l'usine le travail fourni par les Immigrants. On assurait également que le nombre des travailleurs diminuant, les salaires augmenteraient et que ce serait pour l'élément créole un gage certain d'aisance, sinon de prospérité.

L'expérience aujourd'hui est convaincante et il faut se rendre à l'évidence. Le nombre des Immigrants ayant diminué, dans une proportion considérable, les salaires loin d'augmenter ont diminué, et la population créole, dans plusieurs localités, les moins peuplées, est sur le point de manquer de travail. Ce résultat était en effet à prévoir et de très bons esprits l'avaient déjà signalé.

La plupart des exploitations agricoles de la Colonie possèdent un noyau d'Immigrants, et les propriétaires prennent autour d'eux tous les travailleurs créoles qu'ils peuvent se procurer, pour faire face à tous les travaux de leurs champs et de leurs usines. Mais dans bien des localités, le supplément de bras que l'on peut ainsi se procurer est fort restreint.

Lorsque le propriétaire est privé d'immigrants, il arrive alors que les travailleurs créoles qu'il peut se procurer autour de lui, ne sont pas en nombre suffisant pour assurer tous les services d'une vaste exploitation agricole : cultures diverses, charroi, soins aux animaux, etc. Ne pouvant plus faire face à tous ses besoins, il se voit dans l'obligation de réduire ses frais d'exploitation pour ne pas se trouver en dessous de ses affaires, et peu à peu il diminue ses plantations et finit par laisser ses champs en friche et par abandonner toute culture importante et nécessitant une forte main-d'œuvre.

On comprend facilement que la population s'en ressente aussitôt, et que manquant de tout élément de travail, elle se trouve bientôt dans la plus grande détresse.

C'est ce qui se passe actuellement pour Saint-Philippe, où les travailleurs créoles sont privés de toute ressource du fait de la fermeture des deux grandes exploitations agricoles de la Trinité et du Baril. L'Administration locale a dû s'en préoccuper et envoyer des secours de toutes sortes à cette population malheureuse. Mais ce sera bientôt à recommencer, et nous ne voyons aucune solution radicale à cette situation, si ce n'est l'introduction de bras étrangers, permettant de rendre à la culture les exploitations abandonnées.

Ce qui se passe à Saint-Philippe va bientôt se produire à Sainte-Rose qui est, après Saint-Philippe, la localité la moins bien partagée au point de vue de la main d'œuvre. Les deux usines à sucre qui s'y trouvent, sont de plus en plus gênées par le manque de bras et sont déjà obligées de réduire leurs surfaces cultivées. Aussi la production de cette commune, en sucre, diminue fortement et en même temps, comme conséquence forcée, le commerce décroît et la misère augmente au milieu de cette population très aisée il y a peu d'années encore.

S'il n'y est porté remède, le moment n'est pas éloigné où les deux sucreries de la localité devront fermer leurs portes, et la population créole se trouvera alors dans la plus grande détresse et dans l'absolue impossibilité de se procurer du travail.

Telles sont les conséquences forcées de la disparition graduelle de toute main-d'œuvre étrangère.

Il est certain, cependant, que plusieurs localités peuvent se passer aujourd'hui de cet appoint de main-d'œuvre. Pour des raisons diverses, la population y est plus dense, et les propriétaires fonciers peuvent trouver autour d'eux les bras nécessaires à leurs travaux.

Il en est surtout ainsi dans la Partie sous-le-Vent, et il est évident que dans ces endroits privilégiés, les propriétaires se garderont bien de faire venir des immigrants, ces introductions de travailleurs nécessitant la mise dehors de gros capitaux et comportant des aléas.

D'ailleurs, le prix de la main d'œuvre est à peu près le même des deux côtés, 1 f. 25 par jour environ ; dans ces conditions, on a avantage à employer la main-d'œuvre que l'on trouve autour de soi, plutôt que de faire venir des travailleurs qu'il faut dresser, discipliner, nourrir, loger, soigner en cas de maladie, etc., en un mot qui sont soumis à une réglementation spéciale et pointilleuse, entraînant nombre d'ennuis et de soucis.

Les propriétaires, dans les régions dont nous venons de parler, privilégiées au point de vue main-d'œuvre, se garderont donc bien de faire venir des immigrants, et en effet, ils n'ont pris jusqu'ici aucune part aux opérations tentées par le Syndicat pour l'introduction des travailleurs étrangers.

Mais il n'en est pas moins vrai que dans beaucoup d'autres centres, la main d'œuvre fait absolument défaut, et qu'il est de toute nécessité d'y introduire des travailleurs. Et, nous croyons l'avoir démontré, cet appoint de bras étrangers est surtout indispensable pour assurer aux travailleurs créoles les emplois dont ils vivent à l'heure actuelle. D'ailleurs, notre petit pays n'est pas le seul à avoir besoin d'une main-d'œuvre étrangère, et nombreuses sont les régions d'Europe, de la France elle-même, où l'agriculture et l'Industrie sont obligées de faire appel à l'appoint des bras étrangers. La Réunion, de par sa situation géographique, ne peut y parvenir qu'en ayant recours à une immigration quelconque. C'est là une nécessité que l'on peut déplorer, ce n'en est pas moins une nécessité. Personne n'a jamais songé à faire un reproche aux producteurs du Nord de la France, de faire appel aux travailleurs belges lors de la moisson et du travail des betteraves. C'est un supplément de bras qui leur est nécessaire, et s'ils en étaient privés, ils devraient réduire l'importance de leurs cultures. C'est un service du même genre que notre Colonie se voit obligée de demander à l'introduction de travailleurs immigrants.

Actuellement, dans bien des localités, nos terres restent en friche, et là où elles sont cultivées, l'herbe envahit tout au détriment des rendements culturaux. C'est là le sort de beaucoup de nos agriculteurs, grands et petits, mais le mal est surtout aigu sur les propriétés possédant des usines à sucre. Devant les nécessités de l'industrie, on s'y voit obligé de laisser les cultures dans l'abandon, pendant les six mois que dure la manipulation, et de ce fait, les rendements aux champs sont diminués à tel point qu'il en résulte des pertes fort importantes.

Le fait certain, et qu'un de nos honorables présidents, M. Colson, a mis en lumière dans un travail récent, c'est que les surfaces employées à la culture de la canne ont diminué de 60,000 hectares en 1862, à 32,000 aujourd'hui, soit environ 50 0/0 de moins. Quels résultats n'obtiendrions-nous pas si nous pouvions remettre en culture une partie de ces importantes superficies ! Ce serait la production sucrière de la Colonie passant de 40,000 à 60,000 tonnes et plus, nos budgets reprenant leurs anciennes plus-values, l'aisance renaissant partout.

Un point sur lequel on ne saurait trop insister, est la fâcheuse répercussion du manque de bras immigrants sur l'aisance de nos travailleurs créoles. Nous avons déjà fait ressortir ce fait et on ne saurait trop y insister. M. Dolabaratz l'avait mis en lumière très vivement, lors de la réception de M. le Sénateur Drouhet, par les Chambres de Commerce et d'Agriculture.

« S'il n'est pas remédié au manque de main-d'œuvre, « disait-il, le résultat n'est pas douteux, vous verrez suc-« comber la plupart des usines. Alors il y aura surabon-« dance de bras pour celles qui, placées dans les meilleures « conditions, auront pu traverser la crise. Vous verrez « alors la main-d'œuvre créole tomber à 0 fr. 75 et le change « monter à 30 0/0 et peut-être davantage. Et ce n'est pas « là une vaine hypothèse, c'est ce qui se passe actuellement « à la Guadeloupe. » (*Séance du 18 Juin 1903*).

Nous avons vu que le mal, hélas ! avait gagné notre Colonie, et que plusieurs communes en souffraient déjà très vivement. Ce ne sont donc point là des craintes chimériques et de vaines paroles.

Comment remédier à cette situation ? Deux solutions seules peuvent être envisagées :

1° Tirer parti des bras que nous possédons.
2° Revenir à l'Immigration Indienne.

Nous étudierons successivement ces deux points, ayant entre eux d'ailleurs une étroite corrélation.

1° Depuis quelques années, par le fait de la loi sur la naturalisation et du décret de 1881, nous nous voyons privés chaque année d'un nombre fort important de travailleurs, soumis au régime de l'Immigration.

Les fils d'Immigrants nés dans la Colonie, arrivés à leur majorité, sont déclarés d'office citoyens français et acquièrent, *de plano*, tous les droits civils et politiques du colon français, établi dans la Colonie depuis de longues années.

La Chambre d'Agriculture a jugé, pour diverses raisons, que cet état de choses ne devait pas se perpétuer, et elle a chargé notre Commission de déterminer quelle était la situation juridique, à partir de leur majorité, des enfants d'immigrants hindous, introduits avec eux dans la colonie ou nés dans la colonie, tant au point de vue de la nationalité que du contrat d'engagement.

Examinons d'abord la question de nationalité.

L'article 8 du code civil, modifié par la loi du 20 juin 1889, dispose :

Sont français :

1° . . . .
2° . . . .
3° . . . .

4° Tout individu né en France d'un étranger, et qui, à l'époque de sa majorité, est domicilié en France ; à moins que . . . . etc., « *sauf les exceptions prévues aux traités.* »

Les fils d'immigrants nés dans la Colonie, et y étant domiciliés à l'époque de leur majorité, seront donc français si la Convention du 1er Juillet 1861 ne renferme aucun texte qui soit inconciliable avec l'article 8. Ils conserveront au contraire leur nationalité d'origine, et resteront sujets anglais, si la Convention renferme des dispositions soit formelles, soit virtuelles, d'où il résulte que les hautes parties contractantes ont entendu conserver aux fils d'immigrants nés dans la colonie, leur nationalité d'origine.

Il serait peut-être excessif de voir dans le second paragraphe de l'article 23 une disposition formelle interdisant au gouvernement français de modifier la nationalité de la famille des Immigrants. Cet article vaut pourtant d'être rappelé. Il est ainsi conçu : « Le gouvernement français « s'engage à n'apporter à ce règlement aucune modification « qui aurait pour conséquence de placer les dits sujets « indiens dans une position exceptionnelle. »

On peut soutenir, non sans vraisemblance, que par cet article, le gouvernement français s'est engagé à ne pas toucher au statut personnel des dits sujets indiens . remarquez le terme — *sujets indiens* —, et par conséquent à ne modifier en rien ni leur nationalité, ni celle de leurs enfants. Les pouvoirs publics apprécieront.

Mais si la Convention ne dit pas formellement que les enfants des Immigrants nés dans la colonie, ne seront pas français à leur majorité, elle renferme des dispositions absolument inconciliables avec cette éventualité, et dès lors elle y est virtuellement opposée.

Ces dispositions se trouvent renfermées dans le dernier alinéa de l'article 9 de la Convention, lequel est ainsi conçu : « Le droit de l'Immigrant au rapatriement s'étend à sa « femme et à ses enfants ayant quitté l'Inde âgés de « moins de dix ans, et à ceux *qui sont nés dans la colonie.*»

Il est de toute évidence que si le Gouvernement français a pris l'engagement de rapatrier les enfants d'immigrants nés dans la colonie, sans limitation d'âge, mineurs ou majeurs, c'est qu'il entendait leur conserver leur nationalité, en conformité d'ailleurs des lois existantes à cette époque, et qu'il ne peut se soustraire à l'exécution de cet engagement par un acte unilatéral, comme le vote d'une loi, qu'il lui faut de toute nécessité ou que la Convention soit revisée, ou qu'elle ait pris fin.

C'est l'opinion du ministère des affaires étrangères, exprimé par M. de Cazotte, directeur des Consultats (Voir annexe N° 1.)

C'est aussi l'opinion du gouvernement français, qui l'a virtuellement manifestée dans le décret du 23 Décembre 1898 qui décide « que les jeunes gens nés à la Réunion de « parents Indous, introduits dans l'île sous le régime de « l'immigration et domiciliés dans la colonie à l'époque de « leur majorité, ne seront pas maintenus sous les drapeaux, « jusqu'à ratification des conventions internationales ac-« tuellement en cours. »

Ce décret prouve bien que les conventions existantes n'autorisaient pas leur incorporation, que l'art. 8 du code civil ne leur était pas applicable et qu'ils ne devenaient pas français à leur majorité. Depuis ce décret, rien n'a été modifié dans les conventions internationales relatives aux Immigrants hindous, et votre Commission peut affirmer en toute sécurité, qu'en l'état de la législation, les fils majeurs d'immigrants hindous, nés dans la Colonie, ne sont pas français et ne doivent pas le service militaire.

∴

Ces fils d'immigrants, nés dans la Colonie, doivent-ils rester soumis à l'engagement ou tout au moins peuvent-ils l'être ?

Des divergences d'opinion se sont produites à ce sujet, émanant d'autorités également compétentes.

Le décret du 30 Mars 1881 avait dit dans son art. 2, § 2:

« Sont considérés comme immigrants *jusqu'à leur majo-* « *rité*, tous les enfants nés dans la colonie de parents im-« migrants, ou introduits avec eux. »

Le ministère, consulté sur l'interprétation de ce texte, donna son avis à la date du 1ᵉ Juillet 1887, dans lequel il estimait que la condition d'immigrants ayant des avantages, les travailleurs se trouvant dans l'un et l'autre cas, devaient rester soumis à l'engagement, s'ils laissaient passer leur majorité sans réclamer le bénéfice de cet article.

La Cour d'Appel de Saint-Denis décide dans le même sens à la date du 7 Juillet 1891 : « Attendu, dit l'arrêt que l'art. 2, §2 du décret du 30 Mars 1881 doit être entendu en ce sens que jusqu'à sa majorité l'enfant d'immigrant doit toujours être considéré comme immigrant, mais qu'après sa majorité, il lui est permis d'opter pour la condition de Travailleur libre ou de conserver sa qualité d'immigrant. »

Tout récemment , le 18 Mai 1905, la Cour au rapport de M. le Conseiller Clayssen , consacrait la même théorie dans des termes plus explicites encore : Elle dit en parlant de l'art. 262 du décret de 1881 : « Attendu que « cette disposition toute de faveur doit être sainement in- « terprétée ; que si elle a pour but de permettre aux en- « fants d'immigrants de se soustraire aux règlements sur « l'immigration et de se réclamer des principes du droit « commun qui régissent de louage de service , elle n'a pas « pour conséquence nécessaire et forcée, de leur imposer « à leur majorité la qualité de Travailleurs libres et de les « contraindre à perdre les avantages attachés à la qualité « d'immigrants ; qu'elle ne constitue donc qu'un bénéfice « sujet à renonciation ; que la renonciation qui peut être « expresse ou tacite résulte à n'en pas douter , d'engage- « ments librement contractés depuis la majorité, alors « surtout qu'ils ont été successivement renouvelés. »

A l'encontre de ces opinions se produisirent l'opposition du consulat britannique , que votre Commission ne peut discuter, ne connaissant point les raisons qu'il invoquait, et un avis du Conseil d'Etat du 20 Octobre 1896.

D'après cet avis, les obligations de l'engagement de travail étant incompatibles avec celles du service militaire , les fils d'immigrants nés dans la colonie et saisis par la loi sur la nationalité, et conséquemment par celle du 16 Juillet 1889, ne devaient plus être soumis au régime de l'Immigration , puisqu'ils se trouvaient dans le droit commun pour le louage de service.

Cet avis du Conseil d'Etat s'appuie sur une double base : la nationalité et l'obligation du service militaire pour les immigrants hindous.

Sa théorie est demeurée irréfutable jusqu'au 22 Décembre 1898. Mais à cette date, est intervenu un acte de la puissance publique exonérant les fils d'immigrants hindous du service militaire, parce que évidemment leur nationalité n'était pas nettement déterminée, et que le Gouvernement français n'osait affirmer qu'ils ne bénéficiaient pas de la disposition finale de l'article 8 du code civil. L'avis du Conseil d'Etat tombait par le fait du décret, en même temps que les deux considérations sur lesquelles il s'appuyait.

Bien que votre Commission estime, que des observations ci-dessus développées, résulte pour l'Administration de la Réunion le droit et même le devoir de soumettre au contrat d'engagement tout sujet hindou qui n'y a pas formellement renoncé, elle pense que la solution de la question que vous l'avez chargée d'examiner ne se trouve ni dans les circulaires ministérielles, ni dans les arrêts de cour d'appel, ni dans le code civil, ni dans les décrets, ni dans les avis du Conseil d'Etat, mais seulement dans le texte de la convention avec l'Angleterre, qui seule fait loi pour les deux parties contractantes

Or, la question qui nous occupe se trouve très nettement tranchée par l'article 9 de la Convention du 25 Juillet 1860.

Il y est stipulé que l'engagement ne pourra excéder cinq ans, qu'à l'expiration de ce terme, l'immigrant aura droit à son rapatriement. S'il n'use pas de cette faculté, il pourra, à titre de faveur, être admis à résider dans la colonie sans engagement, ou contracter un nouvel engagement. Dans le premier cas il perd son droit au rapatriement, dans le second il le conserve indéfiniment. La situation des enfants nés dans la colonie étant de par le traité, la même que celle des enfants introduits avec leurs parents, il est inadmissible que l'une des parties contractantes puisse la modifier par un acte unilatéral et priver du rapatriement, conséquence de l'engagement, un immigrant à qui elle a formellement garanti ce droit dans une convention internationale; et c'est ce qui arriverait nécessairement, si l'autorité locale refusait l'engagement aux fils d'immigrants nés dans la Colonie ou introduits avec leurs parents.

Votre Commission conclut en résumé :

1° Les fils d'immigrants hindous nés dans la colonie ne sont pas français. Ils ne doivent donc pas le service militaire.

2° Ils restent à leur majorité soumis au contrat d'engagement, à moins qu'ils n'en soient dispensés aux termes de l'article 9, § 3 de la convention internationale.

Outre ces arguments que votre Commission a tenu à établir avec le plus grand soin, il est un point sur lequel la Chambre d'Agriculture a toujours manifesté son sentiment.

Descendants de colons français établis depuis de longues années dans notre Colonie, nous avons toujours estimé souverainement injuste à notre égard la situation qui est faite aux fils d'immigrants, dans l'état actuel des choses et vu l'interprétation donnée par l'administration locale de la loi de 1889 sur la naturalisation. Nous ne pouvons admettre que du jour au lendemain, les fils des immigrants hindous puissent jouir de tous les droits généralement quelconques du citoyen français, alors que, de par le décret du 22 décembre 1898, ils se voient exonérés de tout service militaire et sont ainsi dispensés de l'impôt le plus dur que l'Etat français fasse peser sur ses citoyens.

C'est là une criante inégalité, contre laquelle nous nous sommes déjà élevés, et nous espérons qu'il suffira de la signaler à nouveau aux pouvoirs métropolitains, pour qu'il soit donné satisfaction au vœu de la Chambre d'Agriculture, et que la Convention de 1861 soit enfin interprétée comme elle aurait toujours dû l'être et dans le sens des observations présentées par votre Commission. D'ailleurs, notre opinion est aussi celle exprimée par M. de Cazotte, sous-directeur des affaires Consulaires au ministère des affaires Etrangères, dans la note remarquable qu'il a établie à ce sujet, qui a été publiée dans notre bulletin du 7 juillet 1904, et que l'on trouvera à la suite du présent rapport. « Il résulte manifestement, dit M. de Ca-« zotte, du texte du décret de 1898, que ses auteurs ne met-« taient pas en doute que tant qu'une nouvelle Convention « ne serait pas intervenue entre les deux gouvernements, « celle de 1861 continuait de s'appliquer aux hindous in-« troduits sous le régime de l'Immigration, et mettait par « suite obstacle à l'application à leurs enfants des nouvelles « dispositions de notre code civil.

« La question de principe est donc virtuellement tran-« chée sur ce point, et le Gouvernement français n'a qu'à « s'en tenir aujourd'hui à l'interprétation qu'il a lui-même « adoptée et consacrée précédemment. »

Notre manière de voir est donc justifiée ; si l'on interprétait ainsi que nous le demandons la Convention de 1861 et si le décret du 30 mars 1881 était appliqué conformément aux décisions de la Cour de la Réunion et à l'avis du Ministère en date du 19 Juillet 1887, nos ateliers agricoles ne seraient pas privés chaque année de 1,500 jeunes gens fils d'immigrants, qui leur sont enlevés à l'heure actuelle par une interprétation de ces divers textes que nous avons démontré erronnée et que nous affirmons funeste aux intérêts de la Colonie. D'ailleurs, si l'on en revenait purement et simplement au texte de la Convention de 1861, l'article

2, § 2 du décret du 30 mars 1881 n'aurait plus sa raison d'être en ce qui concerne les fils d'immigrants indiens, et ne serait applicable qu'aux fils d'immigrants, africains notamment, pour lesquels il n'existe pas de convention spéciale relative à leur statut personnel.

En ce qui concerne les indiens, ce paragraphe 2 devrait être considéré comme leur étant inapplicable et devrait suivre le sort de l'article 8 du code civil sur la nationalité, que le Gouvernement français, par le décret du 22 décembre 1898, a déclaré inapplicable aux fils d'immigrants hindous.

Une autre raison, et des plus sérieuses, est que cette question de la nationalité des enfants des immigrants, naissant dans la Colonie, est la seule sur laquelle le gouvernement Anglais se montre irréductible.

Il faut donc la trancher si l'on veut arriver à la remise en vigueur de la Convention de 1861.

Et nous arrivons ainsi naturellement à la seconde question à étudier : La reprise de l'Immigration indienne.

Nous avons déjà fait ressortir les sacrifices considérables faits par les propriétaires de la Colonie pour se procurer des bras. Nous avons vu qu'en quelques années ils avaient dépensé dans ce but près de deux millions de francs.

Cette dépense n'eut pas été à regretter, si les travailleurs ainsi introduits dans la Colonie y étaient demeurés à la fin de leur contrat d'engagement. Mais la presque totalité de ces hommes ont regagné leur pays d'origine, privant ainsi nos ateliers de leurs meilleurs éléments, au moment où, dressés et disciplinés, ils pouvaient rendre le plus de services.

Il n'en est pas ainsi des immigrants indiens, qui, trouvant dans notre Colonie de nombreux compatriotes y résidant depuis fort longtemps, habitués en outre aux cultures que nous pratiquons, ne souffrant point de notre climat, se font rapidement à nos habitudes locales et demeurent généralement chez nous pendant de longues années. Intelligent, de caractère souple et discipliné, l'hindou est un des meilleurs travailleurs que nous ayons employés.

En outre, l'Inde serait pour notre Colonie, un centre de recrutement à population suffisamment dense, pour parer à tous nos besoins et où nous pourrions aller chercher des bras sans craindre de rencontrer, à tous moments, des difficultés renaissantes.

C'est pourquoi, tous nos essais par ailleurs ayant été infructueux, nous avons dû enfin songer à la remise en vigueur de la Convention de 1861 avec l'Angleterre. Le moment, en outre, semble opportun, vu les dispositions amicales du gouvernement britannique.

Les difficultés que le gouvernement Indien avait jadis soulevées semblent s'être peu à peu aplanies, et nous rencontrons aujourd'hui auprès du Consul de Sa Majesté Britannique le plus réel bon vouloir aux lieu et place des exigences d'antan.

On semble bien près de s'entendre sur des points qui, il y a peu d'années, soulevaient les plus vives controverses. Le Consul Anglais reconnaît lui-même que les immigrants indiens sont bien traités sur les propriétés.

La meilleure preuve qu'on puisse en fournir d'ailleurs est que les indiens se trouvent encore en grand nombre dans nos ateliers agricoles, malgré que pas un homme de race hindoue n'ait été introduit dans la colonie depuis 1882. Tous, périodiquement, rendus au terme de leur contrat de travail, le renouvellent, plutôt que de profiter du droit qu'ils ont de se faire rapatrier.

Il semble donc que l'entente entre les deux gouvernements soit facile, et qu'il n'y ait lieu de prévoir que des modifications toutes de détail à la réglementation actuelle.

Sur un seul point le gouvernement britannique se montre absolument intransigeant et nous l'avons déjà signalé, c'est celui de la nationalité des fils d'immigrants, nés dans la colonie. Mais cette question délicate sera tranchée au mieux des intérêts de la Colonie et de l'Angleterre, le jour où l'on en reviendra sur ce point à l'esprit de la Convention de 1861; les fils d'immigrants conserveront alors, par le fait de l'exception prévue au code civil, la nationalité de leurs parents.

Il ne sera donc pas nécessaire d'apporter une modification à la loi, pour négocier la remise à exécution de la Convention de 1861.

Tel est en ce moment l'état de la question, et la Chambre d'Agriculture, soucieuse des intérêts primordiaux de la

Colonie, gravement compromis, vient à nouveau attirer l'attention des pouvoirs publics sur une situation d'une exceptionnelle gravité et à laquelle il faut de toute urgence porter remède.

Déjà, depuis plusieurs années, le budget local est en déficit, et l'état de nos finances est pour tous un sujet de constante préoccupation. Or, on ne peut arriver à une modification heureuse de nos recettes budgétaires, qu'en transformant les conditions économiques actuelles. Pour cela, il faut produire plus et à meilleur compte, et il sera impossible d'y parvenir si l'agriculture et l'industrie continuent à manquer de bras. Nous l'avons montré, les surfaces cultivées diminuent d'année en année, comme conséquence forcée les importations faiblissent et le commerce décroit. L'état précaire de notre budget Colonial n'a pas d'autre cause et nul remède ne pourra y être apporté tant que la main-d'œuvre fera défaut au pays.

Cette situation d'ailleurs n'est pas seulement grave pour la Colonie. L'Etat français en subira forcément le contre-coup. Nous avons ici une entreprise de Port et de Chemin de fer, propriété de l'Etat, qui a charge des intérêts et de l'amortissement des obligations. Mais, la prospérité du Port et du Chemin de fer est intimement liée, on le conçoit sans peine, à la prospérité économque de la Colonie. Si notre production est réduite, par défaut de main-d'œuvre, l'Etat verra ses recettes diminuer et par suite, ses charges déjà très lourdes en seront augmentées ; il a donc un intérêt majeur à assurer le développement de notre agriculture et de nos industries, afin de parvenir à accroître son trafic. Or, de jour en jour, notre production diminue, et par suite, en même temps, le trafic du Port et du Chemin de Fer. Loin de s'atténuer, comme on aurait pu l'espérer, les dépenses de l'Etat ne feront donc que s'accroître.

Il est évident que le commerce de la Métropole avec notre Colonie en subira également une grave atteinte. La presque totalité de nos importations vient de nos grands ports français, Le Havre, Nantes, Bordeaux, Marseille, avec lesquels notre mouvement commercial est encore fort actif et qui verront désormais leurs exportations sur notre île diminuer d'année en année.

En un mot, le manque de bras constitue un sérieux danger au point de vue économique, aussi bien pour notre Colonie que pour la Métropole elle-même.

Quant aux objections que l'on a faites à la reprise de l'Immigration Indienne, dont on regardait la concurrence comme funeste aux travailleurs créoles, nous avons déjà établi que ce péril n'était qu'imaginaire et que, tout au contraire, cet appoint de bras était indispensable pour maintenir la production générale, et par suite, fournir aux travailleurs créoles les éléments de travail dont ils vivent.

Sous ce rapport, la diminution du taux des salaires dans toute la Colonie, et la situation précaire de plusieurs communes, constituent des preuves palpables et convaincantes que l'on ne peut nier, car ce serait mettre en doute l'évidence même. D'ailleurs, il est bon d'ajouter que le travailleur créole, plus intelligent et plus instruit, remplit en général des fonctions qu'on ne peut confier aux immigrants, auxquels sont réservés des travaux plus simples et plus rudes. C'est ainsi que les employés et les ouvriers de tous métiers : mécaniciens, charrons, forgerons, charpentiers, maçons, etc. sont créoles. Mais ils perdraient évidemment leurs emplois, si les propriétaires, faute de main-d'œuvre, se voyaient dans l'obligation de réduire toutes les dépenses de leurs exploitations agricoles.

Et c'est bien là qu'est pour eux le péril, plutôt que dans une concurrence qui n'existe pas et ne peut exister.

Notre Colonie n'a besoin à l'heure actuelle que d'un appoint de main-d'œuvre que l'on peut évaluer au maximum de 2 à 4.000 hommes. Nul ne pourra jamais soutenir raisonnablement, qu'un nombre d'immigrants aussi restreint peut créer une concurrence, si peu sérieuse soit-elle, aux travailleurs d'un pays peuplé de 175.000 habitants.

Devant la gravité de notre situation, périlleuse à tous les points de vue, la Chambre d'Agriculture a cru de son devoir d'en faire aux pouvoirs publics le tableau sincère et d'exposer quels sont à ses yeux les moyens d'y remédier. La reprise de l'Immigration Indienne constituerait un gage certain de relèvement et pour nos affaires particulières et pour les finances de la Colonie.

Et nous venons demander à la Métropole son appui pour solutionner une question d'un intérêt vital pour la Réunion. Si nous n'arrivons pas à obtenir l'appoint de main-d'œuvre qui nous est indispensable, nous verrions peu à peu l'abandon de la grande culture et la fermeture de nombreuses usines ; notre population créole serait alors privée du travail qui la fait vivre aujourd'hui, elle chercherait en vain des moyens d'existence qui lui feraient défaut, et elle aurait le droit de nous faire le reproche de n'avoir point conjuré une crise dont la misère générale serait la conséquence forcée.

C'est pourquoi, la Chambre d'Agriculture, consciente de ses responsabilités, vient demander aux pouvoirs publics de prendre d'urgence les mesures voulues pour qu'il soit donné satisfaction aux vœux de votre Assemblée, de la Chambre de Commerce et du Conseil Général, car c'est la prospérité même de la Colonie toute entière qui est en jeu et qui en dépend.

ANNEXE Nº 1.

NOTE SUR LA

Reprise de l'Immigration indienne à la Réunion

PAR M. DE CAZOTTE

*Sous-directeur des affaires consulaires au Ministère
des Affaires Étrangères.*

L'on sait, et l'expérience a mis hors de conteste, que le travail créole ne suffit pas dans certains de nos établissements d'outre-mer pour assurer l'exploitation du sol et, en particulier, la culture de la canne à sucre dans les anciennes colonies, où cette culture est restée la source principale de toute la vie économique.

Aussi, a-t-on reconnu nécessaire, aussitôt après l'abolition de l'esclavage, de faciliter l'introduction de travailleurs étrangers, de maintenir la régularité de leurs services et de leur assurer à cet effet une rémunération suffisante.

De cette nécessité sont issus les décrets des 13 Février et 27 Mars 1852, (modifiés depuis lors, par celui du 27 Août 1887), et le traité du 1er Juillet 1861 avec l'Angleterre.

Cette convention, qui a été ratifiée le 30 juillet et promulguée par le décret du 10 Août 1861, et qui n'a été modifiée postérieurement que sur un point de détail par une convention additionnelle du 5 Novembre 1872, a eu pour but et pour effet d'autoriser le recrutement des travailleurs dans les Indes britanniques où la main-d'œuvre est abondante et à bon marché, et la population habituée au climat des tropiques.

Cette convention prévoit que le recrutement doit être fait par un agent désigné par le Gouvernement français, et qu'un agent du Gouvernement britannique sera chargé au port d'embarquement des intérêts des émigrants.

Elle impose à ceux-ci l'obligation d'exécuter toute la durée de leur engagement. Elle stipule, d'autre part, en leur faveur toute une série de garanties diverses : obligations minima imposées soit aux transporteurs , soit aux engagistes , en ce qui concerne les allocations de toute nature à fournir aux engagés , les soins auxquels ils ont droit , la durée de l'engagement , la limitation du travail , le maintien de la famille , le contrôle et la protection des consuls britanniques, enfin le rapatriement aux frais de l'Administration française.

L'article final porte que le Gouvernement général de l'Inde britannique aura la faculté de suspendre en tout temps l'émigration de ses ressortissants pour une ou plusieurs des colonies françaises , mais que , dans le cas où il ferait usage de cette faculté , le Gouvernement français aura le droit de mettre fin immédiatement à la convention toute entière , celle-ci restant néanmoins en vigueur jusqu'à leur rapatriement , pour les sujets indiens antérieurement introduits dans les colonies françaises.

La Convention a reçu son exécution , et pendant une série d'années des travailleurs indiens ont été à différentes reprises recrutés et introduits dans nos anciennes colonies.

L'Ile de la Réunion , notamment , a profité dans une large mesure de cette immigration qui lui a fourni pendant plus de vingt ans le complément de main-d'œuvre nécessaire à son exploitation agricole et industrielle.

Cette situation se trouve malheureusement modifiée aujourd'hui.

Le Gouvernement de l'Inde a , en 1884 , porté un coup considérable aux intérêts de la Réunion en suspendant l'émigration pour cette Colonie comme il l'avait déjà fait en 1877 , pour la Guyane, sous prétexte de la mortalité excessive des travailleurs indiens qu'on y avait envoyés.

Depuis cette interruption de l'immigration , et à mesure que les anciens immigrants ou leurs familles ont été rapatriés , la main-d'œuvre s'est de plus en plus raréfiée à la Réunion , et la situation en est arrivée aujourd'hui à ce point que 50 pour cent des terres , autrefois cultivées en cannes à sucre , doivent être laissées en friche , faute de bras pour les cultiver , et que l'ensemble de la production agricole et industrielle de l'île , déjà réduite de près de moitié , se trouve menacée de disparaître presque complètement à bref délai.

Les producteurs cependant ne sont point restés inactifs. Ils ont constitué un « Syndicat pour l'Introduction des travailleurs » qui a tout fait pour essayer de recruter des immigrants dans d'autres pays : sur la côte de Mozambique, en Chine, à Java, au Tonkin, à Madagascar, aux Comores,

Mais, par suite soit des difficultés du recrutement, soit de la résistance des autorités locales, soit de la concurrence provenant du recrutement de travailleurs pour Madagascar, aucun des essais tentés à la Réunion, par le Syndicat pour l'introduction des travailleurs, n'a réussi.

Cependant la main-d'œuvre se faisant de plus en plus rare, tous les intéressés et les autorités publiques elles-mêmes se sont émues. Les Chambres de Commerce et d'Agriculture ont demandé au Gouvernement d'entrer en négociations avec l'Angleterre pour assurer la reprise de l'immigration indienne qui apparaît comme la seule solution possible.

Des négociations dans ce but ont été en effet entamées à Paris et elles ont abouti, en décembre 1897, à la signature par notre Ministre des Affaires Etrangères et l'ambassadeur du Royaume-Uni, d'une nouvelle Convention qui reproduit en grande partie, et sauf certaines modifications, celle de 1861.

Cette Convention de 1897 n'a jamais été ratifiée ; elle est restée, dès lors, à l'état de simple projet.

Une question nouvelle avait surgi, en effet, qui n'existait pas lors de la Convention de 1861 : c'était celle de la nationalité des enfants immigrants pouvant naître pendant le séjour de ces derniers dans une Colonie française. L'Angleterre entendait qu'ils restassent sujets britanniques, tandis que la loi du 26 juin 1889, modifiant l'article 8 du Code civil, les faisait naître Français. La nécessité de recourir au Parlement pour modifier cette disposition a fait retarder jusqu'ici la ratification de la Convention de 1897.

Cependant la situation économique devient chaque jour plus précaire à la Réunion.

Une pétition couverte de plusieurs milliers de signatures a été adressée, au mois de mai dernier, par les habitants de l'Ile à M. le Ministre des Colonies pour réclamer la reprise, d'urgence, de l'Immigration indienne.

Cette pétition a été appuyée par les Chambres de Commerce de Bordeaux (lettre à M. le Ministre des Colonies du 5 Octobre 1903) et du Hâvre, (Délibération du 13 Novembre 1903.

Enfin le Conseil général de la Réunion qui, à plusieurs

reprises ; avait déjà émis un vœu en faveur de la reprise de l'Immigration indienne , vient encore de renouveler ce vœu dans sa séance du 17 novembre dernier.

Quant aux trois représentants de la Colonie au Parlement , ils s'étaient jusqu'à cette année monstrés hostiles à la reprise de l'Immigration indienne ; mais devant le mouvement unanime d'opinion qui s'est manifesté , d'eux d'entre eux , M. Drouhet, sénateur, et M. Brunet, député , ont fini par en reconnaître l'impérieuse nécessité et s'emploient à la faire aboutir sous la seule réserve qu'il ne sera pas nécessaire de modifier l'article 8 du Code civil.

Il ne parait pas douteux que les appels pressants et réitérés des producteurs de la Réunion ne doivent être entendus du Gouvernement français.

Quant aux dispositions du Gouvernement anglais , elles sont connues. L'Angleterre gouverne dans les Indes une population si nombreuse qu'elle ne peut, dans certaines années, la mettre à l'abri de la famine et que les autorités se montrent favorables en principe à la reprise de l'émigration à la Réunion. Le Gouvernement anglais demande seulement, pour augmenter les garanties accordées à ses ressortissants , certaines modifications de détail à la Convention de 1861 , modifications qui ont été consignées dans la Convention de 1897 et dont quelques-unes ont été critiquées par le Conseil Général de la Réunion , dans sa session de mars 1898. Mais il n'y aurait pas sans doute sur ce point de grande difficulté à trouver un terrain d'entente.

La seule question sur laquelle le Gouvernement anglais se montre irréductible est celle de la nationalité des enfants de immigrants naissant dans la Colonie.

La Convention de 1861 porte dans son article 9 *in fine* « Le droit de l'immigrant au rapatriement s'étend à sa « femme et à ses enfants âgés de moins de dix ans , et à « ceux qui sont nés dans les colonies. » Par cette disposition , le Gouvernement anglais avait eu soin d'étendre sa protection et d'assurer le droit au rapatriment non seulement aux indiens émigrés , mais aussi à leurs enfants nés dans les colonies françaises au cours de leur engagement , ces derniers naissant sujets anglais , et conservant leur nationalité.

Le Gouvernement français avait pu , en 1861, sans aucune difficulté , souscrire à cette clause. Les dispositions du Code civil alors en vigueur reconnaissaient en effet à l'enfant né en France d'un père étranger sa nationalité d'origine. Il n'en est plus de même aujourd'hui.

L'article 8 du Code civil, tel qu'il a été modifié par la loi du 26 juin 1889 et du 23 juillet 1893, décide que l'enfant né en France d'un étranger est Français, et qu'il ne peut répudier cette qualité, dans l'année qui suit sa majorité, qu'en justifiant qu'il a conservé la nationalité de ses parents et répondu à l'appel sous les drapeaux dans son pays d'origine.

Cette disposition nouvelle de la loi métropolitaine a été promulguée à la Réunion.

Il faudrait, dès lors, une loi nouvelle pour en modifier l'application aux Colonies. Mais au point de vue spécial qui nous occupe, il ne semble pas que cette loi soit nécessaire.

En effet, le texte de l'article 9 de la convention de 1861 rappelé ci-dessus, stipule que le droit de rapatriement de l'immigrant s'étend aux enfants « *qui sont nés dans les Colonies.* »

Quant à celui de l'article 8, § 4 du Code civil, il est ainsi conçu :

« Sont Français. . . . . . 4° Tout individu né en France
« d'un étranger, et qui à l'époque de sa majorité, est do-
« micilié en France, à moins que dans l'année qui suit sa
« majorité, telle qu'elle est réglée par la loi française,
« il n'ait décliné la qualité de Français, et prouvé qu'il
« a conservé la nationalité de ses parents par une attesta-
« tion en due forme de son gouvernement, laquelle de-
« meurera annexée à sa déclaration, et qu'il n'ait en outre
« produit, s'il y a lieu, un certificat constatant qu'il a ré-
« pondu à l'appel sous les drapeaux, conformément à la
« loi militaire de son pays, *sauf les exceptions prévues aux*
« *traités.* »

Le dernier membre de phrase de cette disposition nous paraît devoir résoudre la question. Il indique, sans équivoque, que le législateur de 1889, en appliquant d'office la nationalité française à toute une catégorie nouvelle d'individus — les enfants nés en France d'un père étranger — et en imposant à ceux d'entre eux qui voudraient se soustraire à cette application, l'obligation de justifications individuelles, a reconnu que ces dispositions nouvelles pouvaient se heurter à des conventions diplomatiques et aller à l'encontre d'obligations contractuelles prises antérieurement par la France vis-à-vis de puissances étrangères; que le législateur n'a pas voulu qu'il en fut ainsi, et qu'il a réservé et excepté formellement des nouvelles dispositions l'application des traités existants.

Si l'on considère d'autre part, que la convention de 1861 avec l'Angleterre est toujours en vigueur; que l'application à la Colonie de la Réunion en est seulement suspendue, en vertu d'une disposition formelle de la convention elle-même — le Gouvernement français n'ayant jamais usé du droit qui lui était réservé de la dénoncer — on est amené à reconnaitre qu'il suffirait que cette suspension fut levée par le Gouvernement de l'Inde, pour que la Convention de 1861 reçut de nouveau son application *ipso facto*.

Dans ces conditions, il semble bien certain que l'article 8 du Code civil n'ait pas besoin d'être modifié pour qu'il soit reconnu inapplicable aux enfants naissant dans une colonie française de parents indiens introduits en vertu de la convention de 1861.

Un décret ne paraît même pas nécessaire; il suffirait que le Gouvernement français fit connaître au Gouvernement anglais, sa manière de voir sur ce point et son intention d'appliquer aux enfants des émigrés indiens — non la disposition générale de l'article du Code civil — mais bien celle de l'article 9 de la Convention de 1861, comme rentrant dans le cas d'exception prévu par l'article 8 du Code civil.

Au surplus, cette interprétation de l'article 8 et du principe que la Convention de 1861 fait échec à son application aux immigrés indiens, a reçu déjà du Gouvernement une consécration officielle, dans un décret du Président de la République. Ce décret est celui du 22 décembre 1898 qui a ordonné l'incorporation du contingent militaire de la classe 1895, à la Réunion, et qui statue dans son article 2 comme suit :

« Provisoirement les jeunes gens nés à l'Ile de la Réu-
« nion de parents Hindous introduits dans l'île sous le ré-
« gime de l'Immigration et domiciliés dans la Colonie, à
« l'époque de leur majorité, ne seront pas maintenus, jus-
« qu'à ratification des conventions internationales actuelle-
« ment en cours. »

La Convention de 1897 à laquelle il est fait allusion n'a pas été ratifiée, comme il a été dit plus haut. Mais il résulte manifestement du texte du décret de 1898 que ses auteurs ne mettaient pas en doute que tant qu'une nouvelle Convention ne serait pas intervenue entre les deux Gouvernements, celle de 1861 continuait de s'appliquer aux Hindous introduits sous le régime de l'Immigration et mettait, par suite, obstacle à l'application à leurs enfants des nouvelles dispositions de notre Code civil.

La question de principe est donc déjà virtuellement tranchée sur ce point, et le Gouvernement français n'a qu'à s'en tenir aujourd'hui à l'interprétation qu'il a lui-même adoptée et consacrée précédemment. Il n'a pas besoin d'une modification de la loi pour négocier la remise à exécution de la Convention de 1861.

Et s'il est nécessaire d'apporter à cet acte quelques changements sur certains points de détail, il faudrait faire ces modifications non en concluant un traité entièrement nouveau, mais par une convention additionnelle à celle de 1861, qui, conclue antérieurement à la loi de 1889, modificative de l'article 8 du Code civil, et dès lors, exceptée de ses dispositions, resterait ainsi en vigueur.

L'Angleterre obtiendrait ainsi la garantie qu'elle réclame pour ses ressortissants. Le texte de l'article 8 du Code civil ne serait pas modifié, l'exception qui y serait faite rentrant dans le cas du traité antérieur qu'il a lui-même prévu, et la Réunion pourrait, par la remise en application de la Convention de 1861, reprendre l'Immigration indienne qui est devenue pour cette Colonie une nécessité absolue et d'extrême urgence.

ANNEXE N° 2

DÉCRET DU 30 MARS 1881.

Le Président de la République Française,

Sur le rapport du Ministre de la Marine et des Colonies ;
Vu les décrets du 13 février et 27 mars 1852, concernant l'immigration et le régime du travail aux colonies ;
Vu la Convention conclue le 1er juillet 1861 entre la France et la Grande Bretagne pour régler l'immigration des travailleurs indiens dans les colonies françaises ;
Vu le Sénatus-consulte du 4 juillet 1866 qui règle la constitution des colonies de la Martinique, de la Guadeloupe et de la Réunion ;
Vu le décret du 11 août 1866 déterminant le mode d'approbation des délibérations prises par les Conseils généraux des dites colonies ;
Vu la délibération du Conseil général de la Réunion, en date du 14 juillet 1880 ;
Le Conseil d'État entendu :

Décrète :

Art. 1er. . . . .

Art. 2. Sont qualifiés immigrants les travailleurs asiatiques ou africains introduits à la Réunion dans les conditions prévues par le décret du 27 mars 1852. Tous autres travailleurs, quels que soient leur pays d'origine et leur nationalité, sont soumis aux principes de droit commun qui régissent le louage de service en France, notamment à l'article 1.142 du code civil.

Sont considérés comme immigrants *jusqu'à leur majorité* tous les enfants nés dans la colonie de parents immigrants ou introduits avec eux.

L'immigrant engagé est celui qui a loué son travail pour un temps et sous des conditions déterminées par un contrat régulièrement passé dans son pays d'origine ou dans la Colonie. L'engagiste est la personne avec laquelle l'immigrant est engagé.

Art. 3. . . . . . .
Art. 4. . . .   .
Art. 5. . . . , .
Art. 6. . . . . .
Art. 7. . . . , .
Art. 8. . . . . .
Art. 9. . . . . .
Art. 10. . . . . .
Art. 11. . . . . .

Fait à Paris, le 30 Mars 1881.

Signé : JULES GRÉVY.

Le Ministre de la Marine
et des Colonies,

Signé : G. CLOUÉ.

Pour copie conforme :

Le Directeur de l'Intérieur,

Signé : ED. MANÈS

Vu pour enregistrement à la
Cour d'Appel :

Le Gouverneur,

Signé : CUINIER.

Le Procureur Général,

Signé : P. CHRÉTIEN.

EFFECTIFS DE L'IMMIGRATION

Par séries décennales

Au 23 octobre   1862.   72,504
Au 31 décembre 1870.   70,059
Au 31 décembre 1880.   64,411
Au 31 décembre 1890.   40,608
Au 31 octobre   1898.   23,347
Au 31 décembre 1900.   23,391
Au 31 décembre 1902.   21,683
Au 31 décembre 1903.   17,963
Au 31 décembre 1904.   14,611

Extrait des matricules du Service de l'Immigration.

Saint-Denis, le 22 Mai 1905.

Le Chef du Service de l'Immigration,

MARTIN DE FLACOURT.

ANNEXE N° 4

CONSEIL GÉNÉRAL DE LA RÉUNION

Session ordinaire de 1903

Vœu émis dans la Séance du 17 Novembre 1903

« Le Conseil Général de la Réunion,

« Vu les votes émis par les Chambres de Commerce et
« d'Agriculture de la Colonie.

« Considérant que les besoins de notre Agriculture né-

« cessitent absolument la reprise d'une immigration étrangè-
« re, malgré l'appui très appréciable des bras créoles.

« Qu'en présence des tentatives faites par la Colonie et
« restées jusqu'ici infructueuses, malgré l'appui de l'Ad-
« ministration, dans les pays placés sous le Protectorat de
« la France, il parait nécessaire de s'adresser à l'Immigra-
« tion Anglo-Indienne.

« Emet à nouveau le vœu que les pouvoirs publics fas-
« sent au plus tôt le nécessaire pour que la Colonie soit au-
« torisée à recruter des travailleurs dans l'Inde Anglaise,
« conformément au désir manifesté par les corps élus du
« Pays, et dans les conditions de l'ancienne législation.

« Signé : CAMPENON »

Cette proposition, mise aux voix au vote nominal, donne
le résultat suivant :

        Votants.   17
        Majorité   9
        Pour.   15
        Contre   2

En conséquence, la proposition est adoptée par 15 voix
contre 2.

(Extrait des Procès-verbaux du Conseil Général.)

ANNEXE N° 5

VŒU

Émis par la Chambre d'Agriculture

Dans sa séance du 11 Juin 1905

« La Chambre d'Agriculture de la Réunion réitère le vœu qu'elle a déjà émis dans sa séance du 7 juillet 1904, que conformément à la note remise à M. le Ministre des Colonies par MM. Couturier et de Cazotte, les fils d'Immigrants, nés à la Réunion, conservent leur nationalité anglaise, l'article 9, *in fine*, de la Convention des 30 juillet et 16 août 1861, avec l'Angleterre, autorisant cette exception à la loi commune.

Elle insiste à nouveau pour la remise en vigueur de la Convention avec l'Angleterre, relative à l'Immigration. »

Ce vœu est adopté à l'unanimité des membres présents.

Extrait du *Bulletin de la Chambre d'Agriculture*, Séance du 11 juin 1905.

ANNEXE N° 6

VŒU

Emis le 30 Juin 1905 par la réunion plénière des Chambres de Commerce et d'Agriculture et des Syndicats Agricoles de la Colonie, dans la séance de réception de M. le Député Auber.

La Chambre de Commerce, la Chambre d'Agriculture, et les divers syndicats Agricoles de la Colonie, réunis en assemblée plénière, considérant que la main-d'œuvre dont dispose la Colonie est notoirement insuffisante à ses besoins.

Qu'il en résulte déjà un préjudice considérable qui ne peut que s'accentuer de jour en jour. Renouvellent le vœu si souvent émis, notamment le 18 juin 1903 et le 23 janvier 1904, pour la reprise de l'Immigration Indienne.

Prient M. le Député Auber de vouloir bien soutenir en France les désidérata de l'Agriculture et du Commerce.

Le remercient des assurances de son concours et d'avoir bien voulu répondre à leur appel.

Ce vœu est adopté à l'unanimité des membres présents.

www.ingramcontent.com/pod-product-compliance
Lightning Source LLC
Chambersburg PA
CBHW061707060726
47597CB00006B/2241